NOUVELLE MÉTHODE
DE LECTURE

PAR

M. Philippe PORTAL.

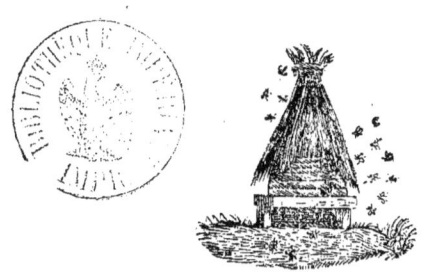

ALBI,
IMPRIMERIE DE S. RODIÈRE, RUE DE LA MAIRIE.
1861.

AVANT-PROPOS.

Indépendamment du système de l'épellation, qui est généralement reconnu comme un vice capital, il est deux autres causes qui paraissent contribuer puissamment aux difficultés de la lecture : la première, c'est de soumettre à l'étude un trop grand nombre de consonnes ou de syllabes à la fois ; et la seconde, c'est de ne pas répéter la même syllabe assez souvent et d'une manière non-interrompue, et, par un mélange inconsidéré des syllabes de différentes espèces, d'effacer, pour ainsi dire, l'impression de l'une par celle de l'autre.

Comme il est dans la nature de l'esprit humain de ne saisir qu'un petit nombre d'objets à la fois, et que leur impression n'est durable qu'autant qu'elle est souvent renouvelée, nous avons pensé qu'une Méthode de lecture, dont le plan serait basé sur ce double principe, devrait nécessairement présenter quelque avantage. Ainsi, au lieu de prendre, selon l'usage, toutes les consonnes à la fois pour en faire l'objet d'une même étude, nous les avons divisées en petits groupes de deux consonnes seulement, qui, avec les syllabes qu'elles produisent, forment une leçon séparée. Les syllabes de chacune de ces leçons, après s'être combinées entre elles dans la formation des mots qui leur sont propres, se combinent de nouveau avec celles des leçons précédentes, de telle sorte que chaque leçon, indépendamment des syllabes qui font son objet spécial, offre la reproduction de toutes celles qui sont déjà connues.

Cette manière de procéder, que nous avons suivie dans tout le cours de cette méthode, procure à l'élève le double avantage d'apprendre aisément, parce qu'il apprend peu à la fois, et de graver profondément dans sa mémoire toutes les syllabes qui ont été soumises à son étude. Les consonnes ainsi assemblées de deux en deux forment une série de tableaux terminés, à l'instar de plusieurs autres méthodes, par une collection de phrases qui en sont comme le résumé. Ces phrases courtes et simples, portant sur des objets connus et familiers, nous ont paru très-propres à exciter l'intérêt de l'élève, et de plus, à rapporter dans son esprit, par un effet mnémothecnique, le souvenir des syllabes qui les composent.

Nous avons cru devoir, toujours en vertu du principe déjà signalé, nous écarter de l'usage adopté dans la plupart des méthodes, de faire figurer les accents dans le tableau des voyelles, comme autant de signes différents dont l'élève est obligé de connaître immédiatement la valeur. Cette complication qui se présente au premier abord nous a paru fort inutile, et la différence de ces accents ne lui sera indiquée par le maître qu'à mesure qu'ils se présenteront.

Une autre difficulté beaucoup plus grave, à laquelle nous avons tâché de remédier, c'est celle qui se présente à l'égard des deux consonnes S et R dont la prononciation varie selon qu'elles sont placées au commencement ou dans le corps d'un mot, entre deux voyelles, ainsi qu'on peut le voir dans les mots suivants : si rè ne ré si ne ma ri ri ma. Comme il est d'usage, dans les méthodes de lecture, d'écrire séparément les syllabes, il en résulte dans le cas dont il s'agit, et à l'égard de la consonne placée dans l'intérieur du mot, que sa position entre deux voyelles n'étant pas assez sensible à cause de l'éloignement des syllabes, l'élève lui donne la même valeur qu'à celle qui commence le mot. Ainsi il prononcera *sirrène ressine marri*. On a beau lui dire de rapprocher mentalement les syllabes, ses yeux démentent son esprit et il les prononce toujours de la même manière (1). Un moyen fort simple d'éviter cette difficulté, c'est de ne pas séparer les syllabes, et d'écrire les mots tout naturellement. Cette innovation, contre laquelle ne manqueront pas de se récrier beaucoup de personnes esclaves de l'habitude, ne présente aucune espèce d'inconvénient : nous sommes, en effet, convaincu par notre expérience que les élèves lisent tout aussi bien les syllabes rapprochées que séparées. D'ailleurs, ayant été apprises séparément dans la série qui est en tête de chaque leçon, on ne voit pas la nécessité de les séparer de nouveau dans les mots, et de se priver ainsi d'un avantage précieux, celui de s'habituer de bonne heure à lire les mots tels qu'on les écrit, et d'acquérir de cette manière une plus grande facilité pour la lecture.

Quant à la dénomination des consonnes, cet objet qui a beaucoup d'importance dans les méthodes où l'on suit le système de l'épellation, en a fort peu dans celle-ci d'où cet usage absurde doit être sévèrement proscrit. Le maître pourra indifféremment adopter l'ancienne ou la moderne, elle ne peut nullement influer sur le résultat. Au reste quelle que soit cette dénomination, elle sera toujours impropre et fautive, la valeur réelle d'une consonne ne pouvant s'exprimer autrement que par son application à une voyelle.

---

(1) Il en est de même à l'égard d'une foule d'autres syllabes, telles que dans les mots : res tes pè res ris que pa ris pos te re pos, etc. etc.

PREMIÈRE PARTIE

PREMIÈRE LEÇON.

Voyelles

a é e i y o u
é a i e o y u
a u é o e y i
u a o e y é i

Majuscules

A É E I Y O U

Consonnes

m n

M N

Syllabes

Ma mé me mi my mo mu
Na né ne ni ny no nu

Mots

Même mime momie * — Nanine Nina none nonione — manie mené mène menu mina minime miné — Monime monomane muni — Nama Némée nome Noémie Numa — âme amené amena ami émané ému — ana âne anémone animé anonyme inanimé Enée une uni unanime.

Phrases

Numa a mené Nanine. Nina amène une amie. Noémie a une anémone.

---

* L'e muet précédé d'une voyelle, à la fin d'un mot, est toujours nul.

DEUXIÈME LEÇON

p l
P L

Pa pé pe pi py po pu. — La lé le li ly lo lu.

Papa pape pépie pipe Pope — Lalie Lélie Lilia Lulu — pâle pèle pelé pile pilule pôle poli polype — lape lapone Laponie lipome lupe lupuline — épée épi épié épopée — Ali Elie élu île — Apale opale épèle épilé — pame Paméla poème Pomone — myope myopie monopole manipule — pane pène Pénée pénale piano puni — épine opina — lama lame laminé lima lime limé — mâle maline mêle mélomane môle mule — alumine élimine Amélina anomalie Emile émule — lane lani Léonie linéale lune — alène Aline alinéa

Phrases

Papa a puni Paméla. Amélina pile une pilule. Emile mène l'âne pelé. L'épi a pâli. La lune a lui. * Léonie a lu le poème.

---

* — Le rapprochement de deux voyelles forme quelquefois ce qu'on appelle une dyphtongue, c'est-à-dire qu'elles doivent être prononcées d'une seule émission de voix comme dans les mots : étui, lui, suite, fuite, amitié, pitié, etc. Ces dyphtongues sont fort nombreuses, mais ne produisent aucune difficulté, l'élève étant déjà fixé par l'usage sur la prononciation de ces sortes de syllabes. Le maître pourra donc dans la plupart des cas, se dispenser de les lui indiquer.

TROISIÈME LEÇON

b d
B D

Ba bé be bi by bo bu. Da dé de di dy do du.

Bibe bobi bobo bobine bubale — dodo dodu dodine dodone — Bàde badé badi badine — débile délébile — banane banale béni biné boni — Niobé nubile Nubie — bâte bête bile — labié labiale lobe lubie — aboli obole — dame demi démuni démoli dîme diadème dôme domino — madame madone mède. Médine midi mode Modène modèle module — déni dénié dénué dine dune — dépilé dépoli — pédale Pylade — dalia délié dédale Dole — ladi Léda Lydie Lodi lude — abîme ébène alibi — Adèle édile idole ode iode.

Phrases

Amédée a une badine d'ébène. Mélanie a délié le diadème. La lime a dépoli la lame de l'épée. La bile domine le malade. — Adeline a bu de la limonade. Le mélomane module la mélodie. Une dame de Modène. Une mode du Midi.

QUATRIÈME LEÇON
r t
R T

Ra ré re ri ry ro ru. — Ta té te ti ty to tu.

Rare rire — tâte tête têtu — rate raté ratine rétine retiré retenu rite rotule Rutule — tare taré tari tiré tore tori — rame Rama Rémi rime Rome — mare marée mâri marié marine maritime mère mérite mire miré moré Morée morue mûre mûri muré — rène Renée renié ruine — narine Nérine néroli noria — rape rapine rapide rapidité — paré pari paria parité parole père piré pore pure pureté — râle relié reliure relaté — lire lyre lori — rabote ribe robe barète barite bariolé bire bure buriné — rade radié radote redite ride rode rude — déridé dératé dire doré dorure dure dureté — timide tome tomate — maté matière matinée matinale matamore météore mite Mytilène mutiné mutilé — tanière Ténare tenu tine — nature natale naturalité note notarié — tape tapi tope type — patate pâté patène pâti pétale petite pitié piété piétiné Potidée potelé tôle tuile — latitude latérale latine latinité Latone loto loti loterie — tibia Tobie tube — bate bâté bâti bête bitume butiné — daté daterie détélé detenu dite dito doté dotale — ara Arabie are arête arène aride aridité arome aromate ère iré Uranie — atome atonie anatomie étamine étamé étape étale étole étude utile utilité.

Phrases

Le pilote a manié la rame. Nérine ira à Rome. Ta mère la ramènera. Eléonore a une robe de bure. La mûre a mûri. La rapide lumière du météore m'a ému. La petite Marie a été le modèle de la piété. Anatole a tiré le numéro de la loterie.

CINQUIÈME LEÇON

s j
S J

Sa sé se si sy so su. — Ja jé je ji jy jo ju

Sasa * sésie sésame sise Sosie sosime Suse — jasa jase jéso Jésu Josué — Samarie samedi Sémélé semé simonie Simonide similitude — masure mesure mise misère muse musée muselé — sanie séné Sina sonate sonore — nasale nase nésée Nisa — sape sapine sapinière sépé sipary sépède sope supère supériorité — pèse Pise pose puise — sale sali salé salure salade salière Silène Silésie solo solide solitude — lésé lésine lisière liséré — Saba sabine saboté sébile sibarite Sibérie subira — base basane Basile bise bose buse — Séide sidérale Sodome Suède — désiré désuni désabusé dièse dose dusi — série serine sirène Syrie sorie Sura sûre Surène sûreté — rase rasade résida résidu résilié résine résolu risée rosée rosière ruse rusé — Satyre satiné site situé suture suite — Jérôme Jérémie jérémiade juré juri jura jujube jubilé — jète jeté — Asie Esope isolé osé osa usé usine usité amuse émise omise remise Denise Tamise.

Phrases

Je sème de la salade. Jérôme à rebâti sa masure. Lise à déjà sali sa jolie robe; sa mère la punira. Je me retire de ma solitude. Le père Basile à bu sa rasade. Simonide à jeté sa rose. Le rusé m'abuse.

— L's placée entre deux voyelles équivaut à un z.

SIXIÈME LEÇON

f v
F V

Fa fé fe fi fy fo fu. Va vé ve vi vy vo vu

Favori favorite fève — famé familière famine féminine fume fumée — fané fine fini finale fiole folie — fade fédérale fidérative fidèle fidélité — défi défié défilé déféré — farine faribole férule foré furie fureté — rafale réfère refuse réfuté — fatale fatalité fatuité fête fétu fétide futile futilité fuite — tafia tufière — faséole fusée fusibilité — sofa sofi — vanité vénéré Venise venu vénale vinée — navale navire nivelé Novare Novi — vaporisé vipère — pavé Pavie pavane pivote — Valère valise valu velu vile vole volière volatile — lave lavé lavure levé levure livide lové — bave bavure bévue bovine — vade vide vidame viduité — dévidé dévié devise divisé divine — varié variété vérité virile virole — rave ravi ravine revu revêtu rive rivale rivalité — vêtu velu vite vote votive — vase vise visite visière — savane savate savonade sève sévère sévérité suivi — avanie avala avarié avéré avisé évadé évasé évaporé évité ovale ovipare.

Phrases.

Je fume ma pipe. Je sème une fève. Valère à été favorisé de la nature. Fany à fini de lire le volume. L'ami fidèle te fera sa visite. L'avare a une âme vile. Ma valise à été vide. Je n'ose dire la vérité. Je tire à la volée. Une fête votive. Une mine sévère.

SEPTIÈME LEÇON.

z x
Z X

Za zé ze zi zy zo zu. — Xa xé xe xi xy xo xu.

Zamore Zémire — zani zanonie Zénobie zone zèle zéro Zélie Zila zizanie — Maxime moxa — naxe laxative luxe luxure — boxe relaxe rixe Roxelane — taxe taxé — Saxe sexe fixe vexé — axe axiome examine exagère exigu exilé oxide oxigène.

Phrases.

Zamore a été relaxé. Zélie a azuré sa robe. Eliza sème la zizanie. L'exilé a revu une mère désolée.

HUITIÈME LEÇON

c g
C G

Ca cé ce ci cy co cu. — Ga gé ge gi gy go gu.

Cacao coco ceci cécité — gage gagé gogo — camarade caminade camée camélia comédie comète comité cime cimetière — macaroni maculé macéré Mécène Mycène mucosité — Cana Canada canari canapé canicule cène Céni cénobite

— Nice nièce noce — cape capacité capitale capitole cépée cipone cipure copie cupide cupidité — paca pacane pacifié pécore pécule picorée picote puce — cale calice célé cela céleri célérité cilice Cilicie colère coloré Colisée coalisé culée culière — lacé lacéré Laconie lacune lice Lucie — cabane cabale cibe cube Cuba — baca bacone bécare bécune — caducée caducité cédé code — décade décadi décati décédé décidé décoré décurie — carabine caravane céréale cérémonie cerise cire Cyropedie cora corée coriza coriace Curiace cure curé cuire curiosité — race racine récipé récidive récité recule reculade — Catane cati cétacé cité citadine côté cotisé cutané — tacite técome ticore — case casemate Césène césure ciselé ciselure cuisine cuisinière — sécurité sécularisé Sicile Sycione Sycomore sucé — cajole cajolerie — jacana jacapa jacée jacobite jacobine joco — café cafetière — facile fécale fécule ficelé — cave cavité civile civilité cuve cuvé — vacuité vécu vocale vocifère vice vicié — gamélie gémi — mage magie mugi — Ganara gano génie Génève générale — page paginé pagode — gale galerie gèle gélatine — légale légitime légume ligature liège loge logive — gabare gibeline gobe goba — bagage dégagé doge — adage Adige — gare garo géré — rage régi rigide rugi — gâte Gète Gétulie gite — Tage tige toge — sage sagacité Ségovie — fagote fugitive — végète végétale vigie vigile vigote — gaze Gaza — acacia académie acéré acide acidulé — écale école écu écurie écuré — agate agacé agace age agite agilité agonie — égide Egine égale égalité.

De la Cédille

La cédille placée sous le ç lui donne la valeur de deux S :
Ça déça déçu reçu agaça rapiéça laça dépéça façade.

La syllabe *ge* placée devant les voyelles *a o i* équivaut à un *j* :
Ménagea nagea neigea exigea geole geolage geolière.

Phrases.

La cabane du paria a été bâtie à côté de ce bocage. La comète a paru. Maxime a lu le code de la civilité. Céline a vu la capitale. La pièce a été reçue et légalisée. Je répare ma façade. La colère m'agite. J'écume le potage. Le curé a béni le mariage de Géneviève. L'étude fera ma félicité. Je dépose ma gibecière. La lione a rugi : je me dérobe à sa férocité. Une mode ridicule. Une figure régulière.

NEUVIÈME LEÇON.

k q
K Q

Ka ké ke ki ky ko ku.

qua qué que qui quy quo qu'u.

La consonne *q* ne s'emploie jamais que conjointement avec la voyelle *u*.

Kina kino kilo kasine karabé — qualité qualifié quasi quête quinine quote quotité — maque moque moquerie —

nique nuque — Pâque pique poque — laque lèque liquide loque — raque raquète requête requise roque — toque tunique — caquète caquetage coque coquinerie — équité équipée équinoxe équivoque.

<small>L'u se fait sentir dans certains mots et se prononce *ou*.</small>
Aquatique aquatile Aquila équilatère équilatérale.

Gua gué gue gui guy guo.

Guèpe guère guéri guérite guise guide guinée guitare — lègue ligue — bague dague dogue rogue — figue fugue — vague vogue viguerie — délégué relégué fatigué élagua épilogua.

<small>L'u se fait aussi sentir dans quelques mots de ce genre et se prononce *ou*.</small>
Guano Guadiana.

Phrases.

Le Kilo de moka que m'acheta la cuisinière a été d'une rare qualité. La quinine a guéri le malade. Dominique a reçu sa quote. Le guide qui m'a dirigé a été fidèle. Le curé fera sa quête.

DIXIÈME LEÇON.

DE LA CONSONNE *h*.

La consonne *h* est muette dans certains mots et aspirée dans d'autres. Lorsqu'elle est muette elle n'a aucune valeur. Exemple :
l'homicide l'humanité

Prononcez ces mots comme s'ils étaient écrits :
l'omicide l'umanité.

Lorsqu'elle est aspirée son effet est d'ajouter une légère aspiration à la prononciation de la voyelle qui la suit. Exemple :
la hase, la hure.

Mots dans lesquels la consonne h est muette.

Habile habite habitude hébété hypothèque hyménée homogène honoré humanité humidité — Rhénane rhétorique Rhone rhume — Thalie thème Théodore — déshonoré déshérité — anathème Athalie — exhalé exhibé ébahi Bohême cahoté cohue.

Phrases

J'honore le sage. J'habite une cabane humide. L'habitude me domine. Sa colère s'exhala. Ma mère m'a déshérité. Théodore fera sa rhétorique.

Mots dans lesquels la consonne h est aspirée.

Hale halé halage hâve haro hate haté hase hère holà hure humé.

Phrases.

La hase hume la rosée. Thérèse fera sa cuisine à la hâte. Une figure halée.

ONZIÈME LEÇON.

Pha phé phe phi phy pho phu.

Phare phase Phénicie phénomène Philomène philosophe physique physionomie Phocide Phocée phoque — méphitique métaphore — néophite — diaphane diaphore diaphonie — Théophile tiphode — Sapho sophie sopha — apophise Epiphanie éphémère éphéméride Ephèse éphore.

ch.
Cha ché che chi chy cho chu.

Chape châle chêne chènevière chère chenu Chine chimie Chili chiche chicane chicorée chope chopine chose chûte — mache mèche miche mioche — niche — pacha pêche péché poche — lâche lâcheté lèche loche — bâche bèche biche bûche — riche roche ruche — tâche sache fâché vache cache cachemire coche gâche hâche hoche huché — acheté achevé acheminé échiné échu.

Gna gné gne gni gny gno gnu.

Magnanime magnifique magnétique mignote mignotisé — pigne ligne — bagne besogne — digne résigné signe signature signalé signifié — vigne vigogne cygne cognée gagné — Limagne Romagne cocagne Pologne Bologne cygogne.

Phrases.
Théophile étudie la philosophie. L'orage a déraciné le chêne de ma chènevière. La lumière du phare guidera le pilote. Une tache dépare le châle magnifique que Joséphine a acheté. Sophie a revu sa chère Zéphirine. La cheminée fume. Le navire a chaviré. Le camarade a bu chopine.

SECONDE PARTIE

DES VOYELLES COMPOSÉES.

DOUZIÈME LEÇON.

Au eau eu œ œu.

Aumône aune aube Aude aurore auréole aurifère autorité autodafé automate autorisé — Maure Mauritanie mauve Mausole mausolée — nausée — pause peau paupière — Laure baume beauté — daube — taupe taupinière — sauce sauge saule sauvé sauvage seau — jaune jauge — faute faune — cause cautère cautérisé — Gaule — haute — chaude — hameau chapeau rideau bureau bateau étau tuyau museau caveau agneau — Europe Eugénie euphémie œuvé œdème OEdipe — meunière meule meute neuve neuvième peureuse Leude seule jeune veuve heureuse ravaudeuse voleuse courageuse demeure émeute — aveu adieu milieu moyeu neveu pieu jeu feu vœu cheveu.

Phrases.

La jeune Laure m'a paru fière de sa beauté. Maurice a été puni de sa faute. Je me lève à l'aurore. Une épine m'a déchiré la peau. Je ramène le bateau au milieu de la rivière. La laveuse a savoné sa jupe huileuse. L'agneau a bu de l'eau du seau.

TREIZIÈME LEÇON.

ai ei ey oi oy.

Aime aine aîné aile aide aire aise — mai maire mairie — paire pairie — laine laide laitue laitière — baie baigné baigneuse — raie raisiné rayé (1) taire notaire — saine saisi saignée — faire faite — caire Macaire — gai gaine gaîté geai quai — chaîne chaire chaise — délai balai étai paie baie laie raie taie haie futaie — délayé relayé payé balayé étayé égaya bégaya — peigne peine reine seine sereine veine baleine haleine ceigne dépeigne éteigne — oie oiseau oise oisive oisiveté — moine moineau moiré — noire noise noyé — poire poiré poireau poignée — Loire loyale loyauté — boire boîte boisé boiteuse — roi roide royale royauté royaume — toile toise toiture — soie soierie soyeuse soigné — joie joyeuse joyau — foi foire — voie voile voierie voici voilà voisine voisinage voiture — choisi choyé — émoi aloi Eloi aboi paroi Savoie revoie — aloyau éloigné écumoire ivoire oratoire Macédoine chanoine chélidoine mémoire méritoire nageoire réquisitoire vésicatoire témoignage dévoilé reçoive redoive bavaroise dévoyé.

Phrases.

J'ai visité la demeure du solitaire. Ma mère achètera ce beau domaine. J'aime le poiré. J'irai à la foire. La robe

---

(1) L'y grec placé entre deux voyelles a la valeur de deux *i* dont l'un se joint à celle qui le précède et l'autre à celle qui le suit.

noire de Madeleine sera faite samedi. Ma mémoire sera fidèle.

QUATORZIÈME LEÇON.

Ou

Ouate oui ouie — mou moule mouline — noué nouveau nouveauté — pouce poule poulie poupée — loué Louise Louisiane loupe louve louveteau louvoyé — boude bouderie boutade bouge bougie boule bouture Boulogne — douce doute doué douze douzaine — roue roué rouage rouge roule roulade roulage rouleau route routine — toute touche Toulouse — soude soudaine souci soulevé soulagé soulagea soupe soupière soupire soutane soutenu souvenu souveraineté — joujou joué joui joute — fou foule fougère fouine — voué voulu voûte — coupe coupole cousine couteau — goulu gouleau — genou filou hibou amadou Pérou matou acajou coucou chou cachou — avoué ajouté abouti égouté — bafoué dévoué dérouté déjoué tatoué savouré secoué.

Phrases.

La foule curieuse a couru au Capitole. Eugénie a décousu la robe que sa couturière lui a faite. J'aime la nouveauté. Ma voiture roule. La rivière coule. Le navire a été radoubé. Je déroule ma toile. Une coutume sauvage. Une coupe ciselée. Une douce lumière. Le filou ma volé le bijou.

TABLEAU DES DIFFÉRENTES VOYELLES COMPOSÉES
OU RÉSUMÉ DES TROIS LEÇONS PRÉCÉDENTES.

Aune eau Eure aîle oise ouate — mauve neuve paire peine Loire boude daube seule faite voile coude Gaule beauté meule maire poire louve baume veuve raisiné reine toile souche faute veau meute laine seine toise voûte pause leude saine foire gouleau Laure jeûne taire boire douve gaine joyeuse taupe royaume.

TROISIÈME PARTIE.

QUINZIÈME LEÇON.

Ar er ir yr or ur — mar mer mir myr mor mur — nar ner nir nyr nor nur.

Arme armoire ermite Irma ormeau orné ornière urne ourse ourdi marmite marmote marmelade marne marle Marli merle morne morbide morbifique murmure narcotique nargue nervure nerveuse — partir parvenir parcourir perle perte porte portique pourtour — larme large Lerne lorgne barbe barque barbare barbeau berce berceau bergère bordure borne borgne bourgade bourgeoise — darde derme dernière dormir dormeuse durcir — tartine tartare terme ternie Tyrtée tordu turpitude turquoise tourte tourtereau — sardine Sardaigne servir servitude sortir sorcière surface surfaire surgir source sourde sournoise — jardinière jardinage jour journée — farce fardeau ferme fermière formule fortune furtive fournir fournée fourneau — Varsovie varlope verdure vermine vertu virtuose — carme carte cartilage certaine certitude corde corne cirque course courge courtoise — garde garnir gerbe gerbière gerçure gorge George gourde gourmade — quarte harpe herbe pharmacie charme charge cherté cherché — amertume amortir amorce acharné anarchie alerte abordage ajourné étourneau étourdir élargir — balourdise falourde Livourne — omar Malabar nenuphar Putiphar César bazar char — amer magister pater Jupiter Esther Lucifer hiver hier fier ver cher — emir bénir soupir polir subir roidir courir vêtir martyr désir ravir vizir élixir durcir agir faquir Aboukir zéphir gauchir — tenor similor Tabor Médor butor major azor décor — Namur futur pur dur sur azur humeur meneur vapeur voleur labeur odeur coureur hauteur causeur majeur sauveur douceur largeur moqueur vigueur faucheur seigneur sœur cœur — air pair chair — semoir laminoir valoir boudoir minoir dortoir rasoir savoir bougeoir déchoir peignoir — amour labour Adour retour séjour four cour.

Phrases.

Arthur va partir. L'ermite a versé une larme. L'amour de la vertu anime le sage. Le joueur a perdu la majeure partie de sa fortune. Ce jeune virtuose a charmé l'auditoire.

Marguerite a une robe couleur d'azur. Le voleur a fui. Le lâche gagné par la peur a jeté l'alarme au milieu de l'armée.

SEIZIÈME LEÇON.

Pra pré pre pri pry pro pru bra bré bre bri bry bro bru dra dré dre dri dry dro dru tra tré tre tri try tro tru — fra fré fre fri fry fro fru vra vré vre vri vry vro vru — cra cré cre cri cry cro cru gra gré gre gri gry gro gru.

Praline pratique précaire prêcheur préteur prière primeur prodige prodigue prophète prochaine prune pruneau preuve prairie proie prouvé — Brama brame brave bravoure brève brèche bréviaire bride brigue brioche brodé broche brochure brute bruni brulé bruyère breuvage braire broyé brouée broui broute — drame dragée drapeau dryade drogue drole drolerie dromadaire druide draine drayé droite droiture drouine — trame Thrace trahir trésor tréteau trêve tribu tribune trône trophée truite trumeau traité traiteur traître troisième Troie troupe troupeau troubadour

— fragile fraternité frégate fredaine frémir frivole fromage fruitière frugalité fraude fraudeur fraise fraiche fraicheur froide froidure froideur — vredé vrédelée vrai — cravate cravache crèche crème créneau crime critique croque croche crocheteur crudité cruauté creuse craigne craie croire croisée croisade croître croupe croute — grade gravité gravure graveur grâce grêle grenade grimace grimoire grogne grue gruau grumeau gruyère groupe groupé — phrase phraséologie — chrome chromatique chronique — âpre âpreté éprise épreuve éprouvé Èbre zèbre Tibre marbre sabre hébreu hébraïque abri abrité abruti abreuvé — cabré cabriole célébrité délabré — madré cadre ladre hydre hydraulique adriatique adroite décroître — mitre nitre litre pupitre apôtre épitre — atroce étréci étriqué détraqué retrouvé — afrique africaine défriché défroqué refrogné — livre vivre ivraie Ivri ivrogne œuvre ouvrage — lucre sucre acre ocre acreté acrimonie écrasé écriture écritoire écru écroué décrié récriminé — aigre degré émigré dégradé égrené égratigné aigri agricole agronome agraire pétrir maigrir ouvrir.

Phrases.

Dieu exaucera votre prière. La probité du serviteur a été mise à l'épreuve. Le brave militaire sera fidèle à sa patrie. La grêle a ravagé ma propriété. J'abrite la graine que j'ai semée. La maladie fera sa crise; sa gravité a déjà diminué. Je goûte la fraîcheur du soir. Le troupeau de la bergère broute l'herbe de la prairie.

DIX-SEPTIÈME LEÇON.

Al el il yl ol ul

Mal mel mil myl mol mul -- nal nel nil nyl nol nul etc.

Alzire altière altéré Elvire Elbe ulcère ultérieur — Malte maltote Melpomène Moldavie multitude — palme Palmyre pulpe pulvérisé — bal Baltique belge Belgique belveder Bilbao bol bulgare — Dalmatique Delta Delphine dulcifié — salve Sylvie solde sultane sulfure — falbala falcade falque filtré fulmine — valse valve velte vil volte vulgate vulgaire vulnéraire — calme Celte Celtique culte culture — galbe Galba galvanique golfe — halte philtre — animal canal copal verbal féodal moral métal nasal rival bocal régal archal signal — formel criminel archipel Abel naturel mortel casuel fiel Revel dégel Michel — mil Nil bil puéril volatil Brésil fil vil exil cil — bémol bol dol vitriol sol fol vol licol mogol — cumul calcul recul seul Acheul épagneul — Paul — poil — Toul Vesoul capitoul Frioul·

Phrases.

Delphine a déchiré le falbala de sa robe. J'évite de faire le mal. Le colonel sera promu au grade de général. Le caporal a été payé de sa solde. L'agriculture sera honorée. L'amiral a profité du calme de la mer. Il a relâché à Malte. J'habite l'Algérie.

DIX-HUITIÈME LEÇON.

Pla plé ple pli ply plo plu — bla blé ble bli bly blo blu — fla flé fle fli fly flo flu — cla clé cle cli cly clo clu — gla glé gle gli gly glo glu — phla phlé phle phli phly phlo phlu.

Plaque plate platine plateau platitude plâtre plénitude pléthore Pline plié pluie plume plumeau plumage plausible pleureuse pleurésie plaine plaigne plénière ploie ployé ploutre — blama blamable blème blèche bloqué bluté blutoir blaude bleu bleuté blaireau blouse — flamine flaque Flavie flèche fléau fléchir flétrir fléxible Flore florine fluide flûte fleuve fleuri flairé — claque clapi clavicule cléricale cligne clignote cloche cloture cloaque Cluni cluse claude clause claire claire clairière cloître cloué clouté — glace glacière glaneur glèbe glène Glycère globe globule glu gluau glaive gloire glouglou — phébotômie phlogose Paphlagonie — chlamyde chlène chlore chlorure chlorose — triple quadruple — déplacé replié déplaire déployé aplanir aplatir éploré épluché — table sable fable misérable — débloqué déblayé — ébloui obligé obligatoire oublié — miracle débacle tabernacle sarclé sarcloir réclame recluse décliné éclaté éclore écluse — réglé déréglé Aglaé église églogue.

Phrases.

La place a été débloquée. Ma prière n'a pu fléchir la colère du roi. Le prévenu a été déclaré coupable. La clameur du peuple a été apaisée. J'aime le plaisir de la table. Le moine a établi une règle sévère. Le fleuve débordé a ravagé la plaine. Le jour décline. La foudre éclate ; l'éclair ma ébloui. Une fleur à peine éclose. Une vie glorieuse.

Tableau de quelques syllabes mises en regard (1).

Partage	pratique	tartine	traduire	furtive	frugale
perte	prête	terme	trêve	carte	crabe
porte	prote	tordu	trope	cerceau	créneau
barbe	brave	tourte	troupe	corde	croche
berne	brève	farci	fragile	courte	croûte
bordé	brodé	fermé	frémi	garde	grade
dardé	dragée	forcé	frole	gerbe	grève
				gourde	groupe
palme	plaque	bulgare	bluterie	culte	cluse
belge	blême	falque	flaque	galbe	glace
		golfe	globe		

---

(1) Ce tableau est destiné à faire remarquer la différence de ces deux sortes de syllabes que les élèves confondent presque toujours.

DIX-NEUVIÈME LEÇON.

As es is ys os us aus eus œs ais eis ois ous.

Astre astronome asperge asphalte espèce espoir Espagne Israel islamisme ostéologie ostracisme ustérie austère australe Eustache — masque mascarade mesquine miscible mystère mosquée Moscou musqué mousquetaire moustache — pascal pastel pastoral plastique peste pestiféré preste presque piste pistole pistache prisme poste posture posthume prospère pustule — leste liste — bastide Basque blasphème Biscaye Bosphore buste brusque bousculé — destinée destitué discuté discourir — reste risque rostre rostrale rustre rustique — testacé testateur testimonial — sesterce sistre système suscité soustraire — jaspe juste justice — faste frasque flasque festivité fresque fistule fustigé frustré — vaste veste vistule — zeste Xyste — caste castel ceste ciste clystère cristal costume cosmétique custode crustacé caustique — gastronome Gascogne gasconisme geste gesticule Gustave — hastère hespérie histoire hystérie hospice — phasque phosphore — chaste chasteté — démasqué riposte débusqué néfaste dévasté — Adraste agreste Etrusque miasme sarcasme cataplasme arabesque romanesque barbarisme rhumatisme.

La consonne *s* est le plus souvent nulle à la fin d'un mot, à moins que le mot suivant ne commence par une voyelle.

Amas repas galas cabas échalas bras madras devras platras gras verglas tu feras tu diras — vérités cruautés cavités châtiés — dames rames rênes pipes pôles — tamis

Denis taudis sursis ravis précis gâchis marquis épris débri écris aigris surplis établis — propos dispos repos gros éclo — écus repus recrues reclus superflus venus reçus échus — palais marais jamais laquais mauvais Français frais engrais Anglais — patois minois tournois reçois anchois trois crois Hongrois Blois — nous vous tous sous bazars hivers désirs trésors futurs douleurs détours litres titres tables fables déblais éblouis

L's se prononce dans certains mots. Exemple :

Adonias Agésilas Jonas Judas aloès Palès Périclès Cérès Adonis Eleusis métis Némésis Sémiramis gratis Argos Argus Momus Plutus Vénus Phébus Mars.

Les monosyllabes *mes tes ses les des* doivent être prononcées comme si l'*e* était marqué d'un accent aigu.

Phrases.

La modestie m'a toujours paru la plus estimable des qualités. Je suis le lièvre à la piste. Je vous écrirai par la poste. La peste a décimé ce pays. L'avis que j'ai reçu de mes amis a troublé le repos de ma mère. Le repas que j'ai pris a été très-frugal. Ce philosophe a des mœurs austères. J'ai une triste destinée.

VINGTIÈME LEÇON.

Am an — em en.

Ambe ambigu Ambroise amphore — ancre angle antiquités antiquaire — pampre pampe — lampe lamproie — bambou bamboche — damné damnable — rampe ramberge — tambour — Samnite — jambe jambage — framboise flambeau — vampire — campagne crampe — gambade — Zampa — chambre Chambéry — Adam Abraham Priam Amsterdam — mante manteau mangea mangeoire — Nancy Nantes — panse panthère pantoufle — lance langue langage langueur — bandeau branche brandir blanche — Dante rancir rancune — tanche — sandales sangles jante — fantaisie fantasque France Français François Flandre — vanté — zanture — Xanthe — candeur candide clandestine — Gange grange glande — hanté — phantasmagorie — chantre chanteur — maman bilan ruban ramadan koran sultan paysan Trajan Jean (1) divan carcan cadran safran écran Perpignan — médisance méfiance nuance demande répandre marchande louange mélange phalange — empire empyrée empalé employé — embûches embargo embarqué embarcadère embaumé embouchure embroché embrasure emblème — membre membrane — remblai rempli remplacé — tempête temple — semblable — enté entêté entière entoura encre encan encore enclume encloué menthe mentale — pente pendre pendule prendre — lente lenteur — dense densité denté — rente rentré renforça renflé — tente tenture tentative — sentir sensé sensible sentence — fendre fente — vendre ventre ventouse vengeance — centime centaine centrale — genre gencive — encens dépens sens gens — magnificence munificence négligence pénitence dépendre revendre suspendre entendu défendu amende.

Phrases.

Ambroise se livre à l'étude de l'antiquité. Le pilote a jeté l'ancre. L'emphatique éloquence de l'orateur m'a déplu. Ce manteau a été vendu à l'encan. Le char a suivi la pente. Le débiteur a payé sa rente. Une tentative inutile. Une sage lenteur.

(1) Dans ce mot l'e est muet.

VINGT ET UNIÈME LEÇON.

Om on

Ombre ombrage — nombre nombreuse — pompe Pompée lombaire Lombardie — bombe bombarde bombance — rompre — tombeau tombereau — somnifère somnambule — compagne comparaître complaire complaisance complète complexe — colombe hécatombe — renom Riom Condom — onde onze oncle — montagne monticule montre monture — ponte pondre ponteau Pontoise plonge — longe longue longea longueur — bonbon bonde bondon bonze bonjour bonsoir bronze blonde — donjon dondon —. ronde rondeau rondeur rongea rongeur — tondre tondu tonsure — sonde songe songea — fondu fonte fontaine Fontainebleau froncé fronde — concombre concorde concordance condoléance condescendance — gondole gonflé gronde — honte — démon Manon fripon galon jambon abandon clairon feston chanson donjon carafon esclavon gazon Saxon maçon flocon dragon pigeon Mahon siphon manchon mignon chaudron citron chevron houblon aiglon — enfoncé prononcé renonça défonça — monstre constance constitué conspiré.

Im in aim ain oin um un.

Imberbe imbibé imbécile imbu — nymphe — limbe limpide — timbre — simple simplicité — cymbales Cimbres — guimpe guimbarde grimpe — intérieur inférieur inventé inflexible ingénieur influence ingratitude — mince pince pinceau pinte prince plinthe — linge lingère — dinde dindon — rincé rinça — tinte tringle — singe singea sincérité singularité — Finlande — vindicative cintre cingle cinquième cinquantième gingas gingembre — quinte quintuple quinquina — jasmin Antonin escarpin orphelin bambin blondin tambourin Frontin magasins enfin Provins larcin Euxin maroquin Nankin brin pétrin écrin chagrin Dublin déclin — amincir évincé province distingue Norlingue Guningue Cominge Thuringe — inspiré instance institué instituteur instruire — daim faim — demain nain pain chapelain bains mondains contemporain sacristain diocésain sylvain zain Vulcain gain prochain quatrain refrain grains — sainte crainte contrainte complainte — peintre peinture plein — teindre teinture — feindre — ceindre — empreinte enfreindre — Reims reins — parfum — alun Autun aucun importun Lauzun Verdun quelqu'un tribuns nerprun brun à jeun — humble emprunté — oindre moindre poindre joindre disjoindre conjoindre — loin soins foin coins groin — besoin recoin témoins.

Phrases.

J'ai entendu le son de la cloche lointaine. Une pièce importante manque à la procédure. Ce garçon a montré de l'inconstance. Le fourbe a trompé ma confiance, il a dévoilé ma confidence. Alphonse a gravi la montagne. J'ai bu de l'eau limpide qui coule de la fontaine. Le pélerin se repose à l'ombre du platane. Hortense a un bijou d'une beauté incomparable. Le Juge a déclaré son incompétence. La conduite de mon ami m'a paru inconsequente;

il a rejeté mes avis importuns. Ce bon livre sera mis entre les mains des élèves. Le médecin m'a prodigué ses soins ; il a un remède souverain La fleur que j'ai mise dans ma chambre a répandu son parfum.

VINGT-DEUXIÈME LEÇON.

At et it yt ot ut aut eut ait oit out.
Ad ed id yd od ud aud aid oid.

Atlas atlantique atmosphère — adverbe admis admirable admoniteur.

La consonne *t* est le plus souvent nulle à la fin d'un mot, à moins que le mot suivant ne commence par une voyelle.

Climat grenat épiscopat consulat combats soldats odorat potentat rosat goujat califat muscat forçat légat orgeat reliquat reléguât achat résignât contrat ingrat éclat réglât — plumet chenêt parapet pistolets sorbet baudet forêts corset trajet chevet placet rouget quinquet guichet poignet discret regret complet doublet reflet sarclet réglet pamphlet — dormit granit zénith décrépit délit habit crédit prurit petit transit confit ravit récit régit vainquit languit craignit comprit contrit conscrit maigrit remplit établit conflit — marmot canot dépôt brulôt sabots idiot marot tantôt pavot haricots escargot cahot cachot mignot trot flot complot sanglot — préciput salut début reçut déchut brut déplut — défaut artichaut Hainaut — il faut, il vaut — il veut, il peut, il pleut, se ment — méfait parfait portrait forfait — il était, il avait, il ferait — Benoit boit doit toit soit voit reçoit échoit détroit décroit droit adroit — mout bout tout coût gout égout ragout brout il résout — art Mozart depart à part rempart — désert disert couvert concerts — mort port transport dort tort sort fort — heurt meurt — court parcourt concourt discourt — malt cobalt — Hérault — moult — pest lest test zest isthme — aimant dominant rampant semblant — mandement principalement compliments arpent ardent ornement — mont pont dont Piémont rodomont — ils font, vont, sont liront, riront, boiront — il revint, devint, parvint — maint saint craint contraint — ceint teint feint restreint — defunt emprunt — oint point joint rejoint pourpoint.

Le d final est presque toujours nul, à moins que le mot ne soit un nom propre ou que le mot suivant commence par une voyelle.

Bagdad Alfred David ephod sud talmud — maraud nigaud pataud lourdaud badaud réchaud ribaud rustaud crapauds — laid plaid froid — montagnard placard lezard regards tard fard fuyards canards goguenard hasard — perd verd — bord abord discord lord milord nord Périgord — lourd sourd — marchand brigands Flamand grand gland — fend refend vend — bond rond fonds gond plafond profond second blond.

Phrases.

Edmond a fait un voyage dans la mer Atlantique, il ira voir plus tard les îles de la mer du Sud. J'admire la beauté de ce paysage. Le pauvre est couché sur son grabat. Le forçat traine son boulet Je n'ai pas un moment de répit. Il faut être juste et bon à l'égard de tout le monde. Le marchand fera bientôt ses achats. Le récit de vos aventures est vraiment amusant.

VINGT-TROISIÈME LEÇON.

Ac ec ic yc oc uc ouc — mac mec mic myc moc muc mouc. Ak ek ik yk ok uk — mak mek mik myk mok muk mouk.

Acte active activité actuel Ecbatane ictére octave octogone — nectar nocturne — pacte Pactole pectoral — Lactée lecture lecteur licteur Luc — bac Bactriane bec broc bloc — dactyle docteur doctrice dicton ductile — rectifié rectangle rectitude Recteur ric-à-ric roc — tac tactique tic tocsin trictrac troc — sac sec sectes sectateurs soc suc — jactance joc juc — facteur facture fracture froc fructifié flic-flac fluctueuse — victime — hectare — Charlas choc coq — almanach aspec avec acroc astuc aquéduc estoc Enoch échec — mic-mac Maroc Médoc Moloc — Nérac Borac Baruch tabac trafic syndics sunac cognac hamacs caduc Quebec bouc mamelouk colbak — Naupacte pandectes dialecte rédacteur respecte réfectoir vindicte conducteur conjectures infecté endoctrine — arc marcs parcs Danemark clerc porc Yorc Turc — aspect abject respect suspect — district restrict — banc tanc franc blanc flanc — onc onctueuse — Monke donc joncs tronc conjoncture — zinc cinq instinct distinct.

Le c, lorsqu'il est suivi de la consonne q, est nul comme dans : acquit acquérir

Ag eg ig yg og ug.

Agde Agda pygmée dogme flegme enygme Agag Mogog

— joug — bourg Edimbourg — rang étang long hareng poing Young.

Ap ep ip yp op up oup.

Apte aptitude eptacorde eptagone opta optique optimisme rapsodie rapsode reptile rupture — septembre septuagénaire soupçon cap captivité copte cep — adepte adopta inepte précepte Égypte — Alep Jalap julep Salep procop croup — rapt laps.

Le p est nul à la fin de certains mots, comme dans sirop trop galop loup coup beaucoup camp champ. Il est également nul dans d'autres mots, comme les suivants : corps champs temps compte symptome septième rompt prompt je romps, tu romps etc.

Ab eb ib yb ob ub oub.

Abcès absence absolu absorbé absoudre absurdité obtenir observa obtempéra obséquieuse obvié obsidiaire — subtil subside subsistance subdivisé submergé subdélégué — abstinence abstraire abstergea obstiné obstacle obstrué substitut substitué — Achab Moab Joab Jacob Job radoub.

Af ef if yf of uf euf œuf oif ouf — ax ex ix yx ox ux aux eux aix oix oux.

Raf nef relief fief chef grief vif canif rétif chétif — Azof Malakof — tuf — œuf mœuf neuf bœuf veuf — soif — pouf — nerf cerf serf — extase extrême extérieur externe expatrié excité excès Oxford — max mixte mixture dextre texte sexte — anthrax borax index onix phénix Pollux.

La consonne x est nulle dans les mots suivants :

Flux reflux Meaux taux faux chaux ciseaux chameaux —

cristaux — moyeux neveux jeux — feux vœux ceux gueux glorieux — heureux cheveux — paix faix — poix Foix — voix noix choix croix — époux doux roux houx choux.

La syllabe ez à la fin d'un mot se prononce comme si l'e était marqué d'un accent aigu ex: venez marchez dansez chantez mangiez buviez sortiez portiez nez assez rez.

Le z est quelquefois nul comme dans le mot riz.

Aph eph iph yph oph uph
Ach ech ich ych och uch auch ouch
Aphte muphti naphte Paphnus Daphné Jepthé cophte.

Phrases.

Hector a mis de l'activité dans son entreprise. Mon adversaire a éprouvé un rude echéc. Octavie a le goût de la lecture. Le docteur a soutenu sa doctrine. J'aime l'odeur du tabac. Je boirai du vin du Médoc. J'ai deviné l'énigme que vous m'avez proposée. Le jeune Alfred a déjà montré beaucoup d'aptitude pour les arts Le condamné a obtenu sa grâce Le philosophe observe la nature. Emile s'est abstenu de paraître; son absence a été remarquée. Ce cheval est rétif; celui-ci obéit à ma voix. J'ai vu la tour de Malakof. Mes vœux ont été exaucés.

QUATRIÈME PARTIE.

VINGT-QUATRIÈME LEÇON

DES CONSONNES REDOUBLÉES.

Deux consonnes réunies ont la même valeur, dans la plupart des mots, que s'il n'y en avait qu'une.

Anneau Annecy annulaire Annonay annihilé annoncé

mannequin monnaie monnayeur — nonne nonnain — pomme pommade panne panneau — banni bannière bonne bonnet — donné — renne — tanne tanneur tonneau — somme — sonnet — Jeanne Jeannot — vanne — canne — appui appuyé appelé apprendre — mappemonde — nappe nippe — frappe — grappe grippe — alla allure allumé — malle mille molle — nulle — pelle — balle — dalle — rolle — telle — salle — fosse — vallon vallée ville — colle colline — abbé abbaye — arrêt arrière arrive erroné irrésolu — marraine merrain myrrhe — narré narrateur — parrain parricide perroquet perruque porreau — larron — barreau — terre terreau — serre — jarretière — ferré — verre — carré — garroté — charrié — attaché mettre — natte patte — lutte — botte — dette — sotte — jatte — flatte — crotté — grotte — assis — massue — passage — lessive — bosse — dessin — Russe — tasse — fosse vessie — gousse — chasse — affaires offrandes — pouffé — buffet — raffiné — souffrir — coffre — greffe — chauffe.

Dans certains mots les deux consonnes répétées conservent chacune sa valeur. *ex* : ammoniaque ellebore illustre illicite mammifère etc.

Phrases.

Cet homme est versé dans la connaissance des affaires. J'ai appris ce matin une agréable nouvelle. Ce négociant possède une fortune colossale. Le laboureur infatigable arrose la terre de sa sueur. Le général a donné ses ordres. L'armée n'attend plus que le signal de l'attaque. La trompette a sonné la charge. La maladie de mon père m'afflige; votre remède n'a fait qu'aggraver le mal. L'accord le plus parfait a régné dans cette assemblée.

VINGT-CINQUIÈME LEÇON

Mna mné mne mni mny mno mnu — Pna pne pne pni pny pno pnu — Pta pté pte pti pty pto ptu — Psa psé pse psi psy pso psu — Sma smé sme smi smy smo smu — Spa spé spe spi spy spo spu — Sta sté ste sti sty sto stu — Sca scé scc sci scy sco scu — cna cné cne cni cny cno cnu — Gma gmé gme gmi gmy gmo gmu — Gna gné gne gny gno gnu — kna kné kne kni kny kno knu.

Mots :

Mnémosine mnémonique — pneumatique — psaume psalmodie pseudonyme Psiché psore — ptéléa ptérone — smaride smaragdite Smyrne Smolensk — Spa spacieux spadassin spahi Sparte spatule spécial spécieux spécifique spectacle spire spirale spolié spontané — sbire — stable statue stance stère sténographie stimulé style stole stuc studieux svelte — scabieuse scabreux scandale scapulaire scarlatine scoliaste scolastique scorbut scrupule scrutin Sganarelle.

Dans les mots suivants, l's ne change rien à la prononciation du c :

Sceau scélérat scène sceptre sceptique scellé science sciatique schisme schiste scintille — Cnide Knéma Kniéper Knès knout — gmélin — gnome gnomon gnomonique gnostique agnatique régnicole.

Phrases.

Le moine psalmodie. Le spadassin dégaine son épée. Un

beau spectacle s'est offert à mes yeux. L'assemblée se leva par un mouvement spontané. J'admire le style de cet auteur. Son ouvrage est empreint du sceau de son génie. Le poète scande ses vers. J'ai lu les fourberies de Scapin. Je ferai un voyage à Smyrne

VINGT-SIXIÈME LEÇON.

DES EXCEPTIONS. (1)

Du tréma.

Les voyelles *i e u* sont quelquefois surmontées de deux points que l'on appèle *tréma*. Ces points servent à indiquer que la voyelle sur laquelle ils sont placés ne doit point s'unir à celle qui la précède, et qu'il faut la prononcer séparément : Moïse mosaïque naïve laïque Danaïde Jamaïque Zaïre Zénaïde Héloïse Ésaü cigüe Danaé aïeul aïeux.

La voyelle e suivie d'un *n* ou d'un *m* à la fin d'un mot, ou de deux au commencement, se prononcer quelquefois comme si elle était marquée d'un accent grave : mien tien sien bien lien rien payen moyen mitoyen citoyen hymen examen je reviens, il revient, devient — item Jérusalem Bethléem — ennemi ennéagone ennéacorde.

La syllabe *im* suivie d'un *m* ou d'un *n* se prononce quelquefois *im* au lieu de *èm* : immodéré immaculé immunité imminent immortel — hymne gymnase gymnastique gymnosophistes.

---

(1) Nous avons jugé convenable de réunir toutes les exceptions dans ce dernier tableau, au lieu de les placer, chacune dans la leçon qui lui est relative ; et cela par une raison qui nous a paru assez importante ; c'est que l'élève, ayant appris une syllabe en la prononçant d'une manière, si on la lui fait prononcer immédiatement d'une manière différente, il se forme dans son esprit une contradiction qui doit nuire essentiellement à ses progrès.

A la fin de certains mots elle se prononce également *im* : interim Ibrahim Solim. *Um* est prononcé *om* dans quelques mots dérivés du latin, comme : album decorum Actium factotum laudanum lumbago.

La syllabe *ti* suivie d'une voyelle dans le corps d'un mot, a quelquefois la valeur de deux *s* : initia initiative partial partiel motion notion ration condition construction instruction constitution condamnation patience impatienté prétentieux ambitieux inertie impéritie minutie.

La consonne *x* dans certains mots, a la même valeur que le *z*, comme dans : sixième sixain deuxième dixième.

Le *ch* a quelquefois la valeur du *k* comme dans les mots suivants : Chorège chorévêque écho anachorète.

A la fin de quelques-uns il a sa valeur ordinaire : Auch Fauch.

La voyelle *o* précédée d'un *a* est nulle dans certains mots tels que : Paon taon Laon faon.

Les deux *l* précédées d'un *i* sont mouillées dans un grand nombre de mots comme : pille pillard bille brille trille quille sillon fille famille faucille vanille — mouille pouille bouille douillet rouille souillure fouille citrouille quenouille grenouille — feuille veuille cueille — treille veille vermeille corneille corbeille pareille abeille oreille oseille.

Dans les mots suivants les deux *l* sont également mouillées ; et l'*i* est nul : maille paille baille raille taillis saillir faillir vaille caille muraille mitraille bataille travaille volaille canaille ouaille.

L'*l* final se mouille dans les mots, comme les suivants : vermeil sommeil soleil pareil réveil orteil — seuil deuil fauteuil écureuil cerfeuil fenouil — accueil écueil recueil cercueil orgueil œil œillade œillère œillet œilleton — mail bail bétail détail travail camail corail émail.

La consonne *l* est nulle à la fin de quelques mots, tels que : outil fusil sourcil. Elle est mouillée dans d'autres, comme : péril avril etc.

Les trois dernières lettres sont nulles dans les mots comme les suivants :
Ils étaient, ils marchaient, se promenaient, dansaient, etc.
Les deux dernières consonnes ne se prononcent pas non plus dans les mots de ce genre : ils marchent, se promènent, dansent, etc; ils marchèrent, se promenèrent, dansèrent.

Un grand nombre de mots terminés en *er* se prononcent comme s'ils étaient terminés par un *é* fermé : marcher parler danser léger potager verger métier patissier boulanger rocher.

Phrases.

J'aime à faire le bien ; c'est le moyen de se faire estimer de tout le monde. J'ai assisté à l'examen de Julien. Il viendra ce soir. Cela me convient. Le véritable chrétien doit pardonner à ses ennemis. La volonté du roi est immuable. La victime sera immolée. Je me livre aux exercices du gymnase. Ce jugement me paraît impartial. Je souscris aux conditions que vous m'imposez. L'élève studieux travaille avec ardeur; il recueillera un jour le fruit de son travail. Le moissonneur diligent aiguise sa faucille. Le sage contemple les merveilles de la nature. J'ai cueilli des fruits d'une couleur vermeille. L'auteur a publié le recueil de ses œuvres. Le président occupe le fauteuil. Le travailleur fatigué s'abandonne au sommeil. Je dérouille la lame de mon épée. J'aime l'odeur du fenouil. Nos bataillons marchaient à l'ennemi en chantant. Les élèves s'amusent; ils s'amusèrent, ils vinrent me voir. Il faut aimer le bien, adorer Dieu, l'admirer dans ses œuvres.

MAJUSCULES.

MA MÉ ME MI MY MO MU NA NE NÈ NI NY NO NU
MIME NONE MANIE NUMA AMI ANA

PA PÉ PE PI PY PO PU LA LÉ LE LI LY LO LU
PAPE PALE LAPONE ÉPI POÈME LAME LIME MALE MULE

BA BÈ BE BI BY BO BU DA DÉ DE DI DY DO DU
BOBINE DODONE DÉBILE BANANE MADONE DÉDALE PYLADE

RA RÉ RE RI RY RO RU TA TÉ TE TI TY TO TU
RARE TÊTU RITE TARÈ RAME MORE NARINE PAROLE ROBE BURE
DORÉ RIDE TOME NATURE TAPI PATÉ LOTO TUBE BITUME DATE AROME

SA SÉ SE SI SY SO SU JA JÉ JE JI JY JO JU
SUSE JASE SEMÉ MASURE SONORE NASALE SAPINE POSE SALE LISIÈRE
SÉBILE BASANE SODOME DIÈSE SIRÈNE ROSE SATYRE JÉROME USINE

FA FÉ FE FI FY FO FU VA VÉ VE VI VY VO VU
FAVORI FUMÉE FINALE FILÉ FUTILE VENU NAVIRE VALISE LEVÉ BÉVUE
VIDE DIVISÉ VÉRITÉ RAVI VÊTU VASE SAVONADE ÉVASÉ OVALE

ZA ZÉ ZE ZI ZY ZO ZU XA XÉ XE XI XY XO XU
ZAMORE ZONE ZÈLE MAXIME MOXA LUXURE EXAMINÉ

CA CÉ CE CI CY CO CU GA GÉ GE GI GY GO GU
CACAO CÉCITÉ GAGE MACARONI CANARI CÉNOBITE NOCE COPIE PÉCULE
CÉLERI LACUNE CABALE BÉCARE CADUCÉE DÉCORÉ CARABINE
CÉRÉMONIE RACINE CITADINE COTÉ CUTANÉ TACITE CASEMATE
SÉCURITÉ CAJOLÉ JOCO CAFÉ FACILE CAVITÉ VOCALE VICE GANARA
GÉNIE MAGE PAGE GALERIE DEGAGÉ RÉGIE TIGE SAGE FUGITIVE
VÉGÉTALE ACACIA AGILITÉ

KA KÉ KE KI KY KO KU QUA QUÉ QUE QUI QUY QUO QU'U
KINA KILO QUALITÉ MOQUERIE NUQUE PIQUE LIQUIDE TOQUE
COQUE GUÊPE HABITUDE THÈME ATHALIE PHARE PHILOSOPHIE
DIAPHANE SOPHA ÉPIPHANIE CHINE CHOPINE MÈCHE PACHA LACHE

BUCHE ROCHE TACHE CACHEMIRE ACHETÉ

MAGNANIME MAGNIFIQUE BESOGNE SIGNATURE VIGNE CYGNE COGNÉE GAGNÉ AUNE MAUVE PAUSE LAURE TAUPE SAULE CAUSE GAULE POTEAU RADEAU CHAMEAU.

EUROPE OEUVÉ MEUNIÈRE MEUTE LAVEUSE JEUNE AVEU MILIEU MOYEU.

AIME AILE MAIRE LAITUE BAIGNÉ RAYÉ SAISI FAIRE CAIRE GAINE CHAINE PEINE SEINE BALEINE — OISEAU MOINE NOIRE POIRE LOIRE BOITE ROIDE TOILE SOIERIE SOYEUSE JOYAU FOIRE VOISINE ÉTOILE ÉLOIGNÉ DÉVOYÉ OUATE MOULE NOUVEAU POUCE LOUPE BOUGIE DOUZE ROUAGE TOUCHE SOUCI JOUTE FOULE VOUTE COUPOLE GOULOT CHOU AVOUÉ DÉNOUÉ DÉGOUTÉ.

ARMOIRE MARMITE NARCOTIQUE PERLE LARGE BERGÈRE BORDURE DURCIR TORDU SOURDINE JOURNÉE FURTIVE VARLOPE CERTAINE CORDEAU GARNIE CHARNIÈRE AMERTUME BAZAR HIVER DÉSIR MAJOR AZUR MALHEUR LABEUR DOULEUR AIR NOIR MANOIR SÉJOUR VAUTOUR.

PRALINE DRAGÉE TRAME FRÉGATE CRÈME GRAVURE GRIMACE GROUPE CHRONIQUE PHRASE ÉPREUVE AIGRI MITRE LIVRE FIFRE VIVRE.

ALZIRE MALTE PALME BELGE DULCINÉ SULTANE CULTURE GOLFE MÉTAL NATAL MORTEL FORMEL FUSIL SOURCIL MOGOL BÉMOL CALCUL AIEUL POIL TOUL — PLATINE BLAMABLE FLÉTRI CLOAQUE GLACE CHLORE APLATI OBLIGÉ DÉPLAIRE CAPABLE LOISIBLE MIRACLE.

ASTRE ESTRADE AUSTÈRE MASQUE PASCAL BOSPHORE JUSTICE FASTE VESTE GASCOGNE PHOSPHORE CHASTE ROMANESQUE FANASTISME.

AMBROISE ANGLE PAMPRE LAMPE RAMPE JAMBE GAMBADE PANTOUFLE LANGUEUR MERLAN FORBAN BILAN KORAN.

EMBARCADÈRE ENCRE MENTHE PENTE LENTEUR RENFLÉ TENTURE SENSIBLE VENTOUSE.

OMBRAGE POMPE BOMBE ROMPRE TOMBEAU MONTAGNE PONTIFE BONTÉ DONJON RONDEAU TONSURE SONDE FONTAINE CONCOMBRE

(40)

GONDOLE MAISON BATON DÉMON FRIPON FESTON CHAPON ÉNONCÉ ENFONCÉ.

IMBERBE LIMPIDE DINDON SINGE CINQUIÈME QUINTUPLE MARIN NANQUIN LAPIN BADIN DANDIN RAISIN JASMIN CHEMIN AMINCIR FAIM MAIN ROMAIN PEINTURE TEINDRE PARFUM ALUN MOINDRE POINDRE BESOIN RECOIN.

ATMOSPHERE MAJORAT GRABAT FORÊT RÉCIT DÉPOT REBUT DÉFAUT MÉFAIT BENOIT ÉGOUT ORNEMENT ARPENT PIÉMONT PROFOND REJOINT.

ACTE ICTÈRE OCTAVE PECTORAL LICTEUR DOCTRINE SAC BEC SOC HAMAC BOUC TRONC BLANC AGDE BOURG ÉTANG — APTITUDE EPTAGONE JALAP JULEP SIROP GALOP ABSENCE OBTENU ABSTINENCE OBSTINÉ FIEF RELIEF CANIF AZOF OEUF BOEUF EXTASE EXTRÊME BORAX INDEX PHÉNIX POLLUX CHATEAUX CRISTAUX GLORIEUX CHEVEUX MUPHTI NAPHTE COPHTE.

ANNEAU MONNAIE BANNI APPUI MAPPEMONDE MALLE ERREUR MARRON ATTACHÉ METTRE GROTTE ASSURANCE MISSIVE AFFAIRE SUFFIRE PSAUME PSORE SPADASSIN SPÉCIEUX STIMULÉ SMYRNE SCEPTRE SCIENCE BIEN MOYEN IMMUNITÉ PRÉTENCIEUX IMPARTIAL CONDAMNATION CONSTRUCTION FAMILLE GRENOUILLE FEUILLE CORNEILLE FUTAILLE TRAVAIL SOLEIL.

Les vingt-cinq lettres de l'alphabet rangées dans l'ordre consacré par l'usage.

A B C D E F G H I J K L M N O P Q R S T U V X Y Z.

FIN.

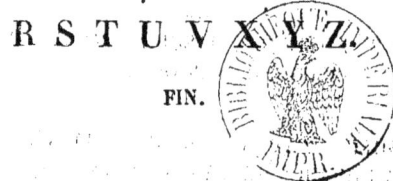

www.ingramcontent.com/pod-product-compliance
Lightning Source LLC
Chambersburg PA
CBHW070706050426
42451CB00008B/512